L'EMPEREUR

NAPOLÉON III

ET

LA POLOGNE

———✦✦———

PARIS

LEBIGRE-DUQUESNE FRÈRES, EDITEURS

16, RUE HAUTEFEUILLE, 16

1863

L'EMPEREUR
NAPOLÉON III

ET

LA POLOGNE.

I

Le moment est venu où la question polonaise, grandissant et s'élevant sans cesse, est arrivée à cette hauteur où s'ouvrent de nouveaux points de vue et des aspects plus larges. Le chemin sur lequel la diplomatie a jusqu'ici patiemment planté ses jalons semble vouloir tourner tout à coup pour montrer le but qui s'avance avec rapidité.

La France, rassurée sur sa paix intérieure par l'ensemble des élections récentes, porte maintenant au dehors son attention entière; et l'opinion publique, éternellement vivante chez nous, est sollicitée puissamment par l'attente d'un dénouement grave et prochain. A quelle fin vont aboutir les démarches réitérées de la France et des autres Puissances en faveur de la Pologne; et quelle réponse leur réserve le czar? Tel est le problème dont la solution est pressentie dans l'anxiété et dans le silence universels.

A cette heure solennelle et décisive qui suit les débats bruyants, les polémiques ardentes, et qui précède le prononcé de l'arrêt, nous croyons opportun de faire entendre encore quelques paroles calmes et réfléchies, capables, sinon de modifier l'événement, du moins de le faire présager, et de l'éclairer d'avance.

Dans une cause passionnée, nous aurons le courage de rester froids ; en présence d'un malheur infini et inconnu jusqu'à nos jours, nous retiendrons notre pitié, et nous réprimerons notre cœur. Notre tâche est de porter la conviction dans les esprits, et non l'indignation dans les âmes : certains de regagner en autorité ce que nous perdrons en éloquence.

Indépendamment de ce que l'impartialité et la modération sont les attributs inséparables d'une politique juste et forte, nous n'oublierons pas qu'en parlant du czar Alexandre, nous aurons à juger un souverain connu par ses sentiments d'estime et d'amitié personnels envers l'Empereur Napoléon III, et par son unanimité avec lui dans toute autre question que celle qui s'agite en cet instant.

II

Tout d'abord, nous devons constater le caractère de l'insurrection polonaise, en fixer les causes et en marquer la nature. Notre rôle n'est point de tracer le tableau émouvant des différentes phases de cette lutte inégale, mais d'en définir nettement le principe et la portée. D'autres ont éloquemment plaidé la question de fait; nous nous renfermerons dans la question de droit.

A l'égard du fait, en ce qui touche les cruautés commises et les souffrances infligées à une nation martyre, nous ferons seulement cette réserve que, si ces barbaries ne peuvent être reprochées au czar personnellement, comme cela est certain, si elles résultent de l'atrocité de la situation et de la violence des éléments opposés l'un à l'autre, le droit que pourrait avoir l'Europe de les faire cesser n'en reste que mieux établi et plus incontestable. Arrivons au droit.

Le prince Gortschakoff, dans sa réponse aux dépêches française, anglaise et autrichienne, représente le soulèvement polonais comme une tentative de la révolution cosmopolite, et comme une attaque dirigée, non-seulement contre la Russie, mais aussi contre le repos de l'Europe. Nous allons examiner la valeur de cette appréciation.

En premier lieu, si l'insurrection polonaise n'est point une attaque, si la Pologne a été provoquée, si l'étincelle est partie de Saint-Pétersbourg et non de Varsovie, nous aurons à en conclure que le fait dont nous parlons doit être considéré, non comme une agression, mais comme un cas de légitime défense.

Certes, les intentions constitutionnelles de l'empereur vis-à-vis de la Pologne étaient sincères; l'émancipateur des serfs en Russie ne pouvait être suspect en annonçant la restitution des libertés confisquées par son père, et, cependant, telle était la pression des hommes et des choses, que toute cette bonne volonté avait abouti à l'exil de Zamoyski, puni d'avoir respectueusement répondu à la demande du czar, et emportant dans sa retraite cette parole sinistre du prince Gortschakoff : « Si vous nous y forcez, nous ferons de la Pologne un monceau de cendres. » Les nobles et les grands propriétaires, invités à faire connaître les besoins de la nation, avaient été incarcérés en châtiment de leur obéissance.

La Pologne se taisait, fidèle au mot du comte André : « Nous ne nous battrons pas, vous nous assassinerez. »

Dans ces circonstances, eut lieu cette fatale conscription ou plutôt *proscription*, cette saisie nocturne, arbitraire et sans exemple.

La Pologne se taisait encore, lorsque parut, le

19 janvier, dans le journal officiel de Varsovie, un long article où l'on lisait ce qui suit. « Jamais, depuis trente ans, le recrutement ne s'était opéré avec tant d'aisance et de facilité. Les conscrits déposés dans la citadelle étaient pleins d'allégresse; ils témoignaient de leur joie d'entrer dans cette école d'ordre qui est l'armée, et d'y reprendre une vie active et sérieuse après des années passées dans le dérèglement de rêves pernicieux... »

Et alors, pour parler avec un journal, dont la prudence est célèbre, *le Times* : « La nation s'est révoltée, non parce qu'elle était en mesure de faire une formidable guerre contre 100 000 hommes de troupes bien armées et bien disciplinées; mais parce qu'elle a été jetée dans cet abîme de misère où les hommes comparent naturellement leur existence avec la mort, et préfèrent résolûment une courte et suprême convulsion à l'agonie d'une torture prolongée. »

Où est donc maintenant l'agression? de quel côté est l'attaque, et de quel côté la défense?

Ce qui prouve encore plus fortement le caractère passif et comme involontaire de l'insurrection, c'est le moment choisi ou subi pour elle pour éclater. Vers la fin de la guerre de Crimée, la Russie était épuisée d'hommes, d'argent et de moyens de transports; la Pologne pouvait se soulever et faire une opportune diversion en faveur des Puissances qui auraient ensuite stipulé pour elle. Elle demeura immobile, confiante dans des promesses qu'on ne devait pas tenir. Et elle aurait attendu, pour commencer la lutte, que son adversaire eût réparé ses forces dans le repos, et forgé de nouvelles armes ! La réponse du prince Gortschakoff, loin d'être vraie, n'est pas même vraisemblable.

Quant à la solidarité du mouvement polonais et de l'insurrection cosmopolite, les faits la démentent absolument. Sans parler de l'accueil que les insurgés ont fait à Mieroslawski, tous les actes de ce gouvernement, qui s'intitule gouvernement national et qui fonctionne, se maintient et se renouvelle dans Varsovie pour l'étonnement de l'Europe, n'ont-ils pas constamment pris soin de distinguer la cause qu'il dirige de celle avec laquelle ses adversaires veulent la confondre ? Voici ce qu'on lisait encore, il y a quelques jours, dans la première proclamation du nouveau gouvernement national : « Le seul but du gouvernement national a été et est de délivrer la patrie, d'assurer l'existence politique et la liberté personnelle aux enfants de ce pays. »

Il y a une touchante confirmation de la séparation absolue qui existe entre les insurgés polonais, qui revendiquent simplement leur indépendance, et les révolutionnaires, qui demandent la subversion des sociétés. Elle résulte de l'unanimité qui s'est manifestée dans le mouvement; tous se sont réunis dans un sentiment commun : hommes, femmes,

prêtres, jeunes gens, vieillards, paysans, propriétaires. A Vengrow, deux cent cinquante jeunes nobles se sont sacrifiés pour sauver des bandes de
paysans : exemple magnifique de l'union fraternelle
qui règne entre toutes les classes de cette généreuse
nation !

III,

Après avoir précisé le sens de l'insurrection et
en avoir déterminé, pour ainsi dire, les linéaments
extérieurs, descendons plus avant dans la question
et cherchons les causes sous les résultats et les
droits, s'il y en a, sous les faits.

Le droit que les Polonais pourraient avoir de
s'insurger contre la domination russe sera bien dif-
férent, selon qu'il sera décidé si la Pologne est
simplement une province de l'empire moscovite an-
nexée et assimilée depuis près d'un siècle, comme
la Franche-Comté ou la Lorraine ont pu l'être à la
France ; ou si, au contraire, la Pologne a conservé,
sous l'empire de la conquête, son génie propre, sa
nationalité, ses mœurs et ses croyances.

Dans le premier cas, le soulèvement actuel ne
serait qu'une simple révolte, une tentative de nou-
veauté ; dans le second, il faudrait y voir un essai
de retour au droit ancien, une réclamation contre
des actes de violence non prescrits ; en un mot, non

pas une insurrection, mais, pour parler plus juste-
ment, une résurrection.

L'existence de la nation polonaise à une époque
bien antérieure à celle des nations qui l'environ-
nent, est un fait avéré dans l'histoire. Tandis que
les régions qui correspondent aux territoires actuels
de la Prusse et de la Russie étaient encore plongées
dans la barbarie la plus profonde, la grande fa-
mille de *Polaniens* se distinguait déjà de l'ensemble
des tribus slaves, avec lesquelles on veut aujour-
d'hui la confondre, par un état de civilisation relativement beaucoup plus avancé, et par une organi-
sation puissante et compacte.

Il n'est pas exact de dire que la Pologne a reçu
de l'Allemagne les premiers éléments de la civilisation, comme le prétendait à tort M. de Vincke à le
Chambre des Députés de Berlin. C'est au contraire,
en effet, la Pologne qui, dès l'an 1000, propagea
les germes du catholicisme qu'elle venait de recevoir elle-même, et établit sur les pays circonvoisins,
et notamment sur la Prusse et la Russie, la double
supériorité de ses armes et de ses lumières. Plus
de six siècles avant qu'il fût question de la Prusse,
la Pologne formait un peuple distinct et déjà constitué.

La Lithuanie, la Podolie et la Volhynie n'ont été,
sans doute, réunies au reste de la Pologne qu'en
1386; mais, cette date est encore bien antérieure à
celle de la création des deux Puissances du Nord,

la Prusse et la Russie, qui, dès leur naissance, ont profité des démembrements de la Pologne. La Prusse, par exemple, n'existe que depuis l'an 1657, date à laquelle la Prusse ducale fut détachée de la Pologne et cédée à l'électeur de Brandebourg.

A l'époque du premier partage, voici les pays qui composaient la Pologne depuis plusieurs siècles: Grande et Petite Pologne et duché de Masovie, Lithuanie et Samogitie, Russie Blanche, Russie Rouge, Russie Noire, Petite Russie, Volhynie, Podolie, Ukraine, Courlande et Samogitie.

Si les nations sont solidaires entre elles et si les services rendus par l'une d'elles à ces grandes causes qui les intéressent toutes, la religion et la civilisation, doivent lui mériter sa place dans le monde politique, la Pologne a plus de titres qu'aucune autre à réclamer un des premiers rangs. Les triomphes de Bathori qui arrêta l'invasion cosaque et les conquêtes ottomanes, les victoires de Jean Sobieski, qui, en 1675 et en 1683, fut le libérateur de la capitale de l'Autriche et sauva l'Europe du débordement de 300 000 Turcs: tels sont les services que la Pologne a rendus à l'Europe, dont elle était la sentinelle avancée contre les progrès de la barbarie orientale.

Mais, si l'existence de la Pologne est légitimement établie avant cette injustice du partage si énorme qu'on a dû l'accomplir en trois fois, s'est-il produit ultérieurement une absorption assez complète de la nationalité primitive pour la faire disparaître au profit des conquérants ? Non, depuis le crime du partage auquel Marie-Thérèse ne s'associa que pour le diminuer, la Pologne n'a cessé, chaque fois que les liens qui l'attachent ont été relâchés ou sont devenus intolérables, de s'agiter sur son lit funèbre pour attester son existence.

Napoléon Ier n'avait rétabli, en 1807, que le duché de Varsovie ; à la faveur de la campagne de 1812, la Pologne entière se reconstitua par un vote auquel s'associèrent la Lithuanie et la Ruthénie. Ensuite, les traités de Vienne, si incomplets, consacrèrent pourtant la nécessité de respecter la nationalité polonaise ; et, par le soulèvement de 1830, elle fit elle-même un grand acte héroïque, interruptif de la prescription, si la prescription existait contre les choses sacrées. L'Europe, alors, ne répondit pas à l'appel qui lui était fait, mais elle reconnut la justice de l'insurrection de 1831, et la légalisa. A Paris comme à Londres, les Chambres et les gouvernements affirmèrent la permanence de ce que l'on appela, dès lors, la nationalité polonaise. Et, aujourd'hui, cette même nationalité n'apparaît-elle pas plus vivace, plus persistante, et plus unanime que jamais ?

Et cela, malgré la compression la plus violente et les procédés les plus impitoyables employés pour établir cette fusion impossible de la Pologne et de la Russie. Depuis la conversion forcée des

Ruthéniens par Catherine, aucun moyen n'a été épargné; le fer, le fouet, l'exil, la prison, la déportation ont été appliqués sans relâche à effacer les lois, la langue, les mœurs et la religion des vaincus; rien n'y a fait, et tant d'efforts n'ont servi qu'à réunir et qu'à relever ceux qu'on voulait disperser et abattre.

C'est qu'il est impossible de vaincre par la force les résistances que la nature même nous oppose, et de détruire le travail auquel elle a présidé : ainsi le noble acier refuse de s'associer au métal plus grossier qui sort de la mine.

IV

Donc, s'il y a quelque chose de démontré, c'est que les pays, renfermés dans le sein de la Pologne dès avant le premier partage, présentent encore, à l'heure qu'il est, une communauté d'affinités, d'instincts, de sentiments, fondée sur la nature et confirmée par le temps, qui constitue cette agglomération d'hommes et de pays, cet être de raison, qu'on appelle nation.

Et, s'il y a quelque chose de plus irrésistiblement démontré encore, c'est l'incompatibilité profonde, éternelle, de cette même nation avec la nation russe, et, plus le rapprochement forcé qui a duré entre elles s'est prolongé, plus l'expérience est décisive;

le temps, loin de consacrer et de justifier la conquête russe, l'accuse et la convainc d'impuissance et d'injustice.

De ces prémisses, nous allons tirer les conséquences les plus larges et les plus applicables aux conjonctures actuelles, soit en ce qui touche le droit que réclame la Pologne de rétablir son indépendance, soit en ce qui concerne le rôle que l'Europe est appelée à jouer en présence de cette réclamation.

V.

Il serait dérisoire d'examiner si la Pologne a le droit de s'insurger ; il s'agit seulement de bien s'entendre sur la source de ce droit et d'en démêler le principe.

Un membre du Sénat conservateur, M. de la Rochejaquelein, a prononcé devant cette Assemblée les paroles suivantes : « Le droit de conquête est un droit que la France ne saurait méconnaître. » Disons-le hautement, la France le méconnaît. Le droit de conquête n'a jamais été que le *droit du plus fort*, c'est-à-dire un fait, et le fait n'a jamais constitué le droit.

Si les provinces qui composent aujourd'hui la France ont été originairement réunies à elle par des traités et à la suite de guerres heureuses, elles ont témoigné depuis longtemps que le titre primitif n'était plus pour rien dans leur attachement intime à la commune patrie. Laissons donc là le droit de conquête que le prince Gortschakoff lui-même, dans sa réponse à la dépêche anglaise, n'a pas osé mettre en avant.

Toute la question est de savoir si la nation polonaise est fondée à se soulever pour réclamer l'exécution des traités de 1815, si elle puise dans la violation éternelle de ce contrat la justice de sa cause; ou, s'il y a, pour fonder son droit, un principe antérieur et supérieur aux traités de 1815, un principe de droit naturel qui préexiste à tous les autres, les domine et s'en sépare.

Dans le traité du 3 mai 1815, on lit : « Les Polonais, sujets respectifs des hautes parties contractantes, obtiendront des institutions qui assurent la conservation de leur nationalité. » L'article 1er de l'acte général du congrès de Vienne, du 9 juin 1815, porte : « Les Polonais, sujets respectifs de la Russie, de l'Autriche et de la Prusse, obtiendront une représentation et des institutions libérales. »

Dès le 27 novembre 1815, l'empereur de Russie lui-même avait constaté solennellement les droits de la Pologne en promulguant la Charte constitutionnelle qui les garantissait, et dont voici quelques-unes des principales déclarations : « Article 2. La religion catholique romaine, professée par la plus grande partie des habitants du royaume de Pologne, sera l'objet des soins particuliers du gouvernement.

13. Les biens-fonds que le clergé catholique romain possède actuellement sont déclarés propriétés inaliénables. 16. La liberté de la presse est garantie. 18. L'ancienne loi *Neminem captivari permittemus nisi jure victum* sera appliquée à toutes les classes. 23. Nul ne peut être arrêté qu'en vertu des lois existantes. »

Une Diète bisannuelle était établie avec la mission de voter les impôts.

Aucun de ces engagements ne fut rempli : la Diète, réunie à des intervalles illégaux, cessa ensuite d'exister ; les députés qui avaient fait entendre à la tribune les conseils de la franchise furent transportés ; les impôts ne furent jamais soumis au vote de la nation.

Nous ne parlons pas dans un esprit hostile à la Russie ; nous faisons notre possible pour résister à l'opinion de ceux qui prétendent que les promesses de 1815 ne furent faites par l'empereur Alexandre Ier que pour abuser l'Europe, et sous la pression des circonstances.

Nous sommes convaincus de la sincérité des intentions de ce prince, ami d'Adam Czartoriski ; l'affranchissement de la Pologne avait été le rêve de sa jeunesse, et était encore une préoccupation de son âge mûr. En 1812 déjà, dans des vues, il est vrai, qui n'étaient pas dégagées du mobile de l'intérêt personnel, il écrivait à Adam Czartoriski :

« Au cas (éventualité d'une coalition contre Na-

poléon) dans lequel je suppose les Polonais réunis
à la Russie et coopérant avec elle..., les résultats
immanquables en sont : la régénération de la Pologne, au lieu d'être ajournée, précédera tout autre
événement.

« Cette régénération comprendra le duché de
Varsovie réuni avec les provinces russes, et un es-
poir assez positif que la Galicie y sera jointe de
même. »

Et, dans une autre lettre du 1er avril 1812 :

« Quel est le moment le plus propre pour prononcer la régénération de la Pologne? Est-ce à
l'instant de la rupture avec Napoléon? Est-ce après
que les opérations militaires nous auront procuré
quelques avantages majeurs?

Si le second parti est préféré, serait-il utile au
succès de nos plans d'organiser un grand duché de
Lithuanie comme mesure préalable, et de lui donner
une des deux constitutions préparées, ou faut-il
ajourner cette mesure, pour la confondre dans celle
de la régénération de la Pologne entière? »

Après avoir remarqué, en passant, quelle était
l'opinion de l'empereur de Russie sur l'étendue que
devait avoir la Pologne reconstituée, nous tirerons,
de cette bonne volonté d'Alexandre Ier, la consé-
quence que nous avons déjà tirée des intentions
bienveillantes de l'héritier actuel de son nom et de
son empire : Plus un prince est généreux et éclairé,
plus l'inexécution des engagements pris par lui ou

2

par ses prédécesseurs est grave et significative; plus il a de bonne foi, plus le vice de la situation s'accuse, et, si deux Alexandre n'ont pu réconcilier la Pologne avec la Russie, aucun souverain n'y parviendra jamais.

Les traités de 1815 ont donc été continuellement violés et ont résisté à l'application pratique; c'est un un fait. Il s'agit de savoir si l'insurrection actuelle doit s'armer de ces traités et en demander l'exécution.

Evidemment non. Nous verrons tout à l'heure si les traités de 1815 peuvent être invoqués par l'Europe; mais, à coup sûr, la Pologne n'y devra jamais chercher des titres à son usage.

Tout traité est un contrat synallagmatique qui a pour effet de créer des droits et des obligations pour chacune des parties contractantes seulement. Or, à Vienne, les parties contractantes étaient les rois. En admettant que chacun de ses souverains représentât valablement le peuple pour lequel il contractait, aucun d'entre eux ne représentait la Pologne, aucun n'a stipulé pour elle. Il s'ensuit qu'elle ne doit chercher dans les traités de Vienne ni ses obligations ni ses devoirs.

On fait cette objection que la Pologne a postérieurement ratifié les clauses de ces actes en acceptant la constitution de l'empereur Alexandre Ier, et que le contrat, insuffisant à l'origine, s'est trouvé parfait par le consentement de toutes les parties.

Il y a bien des réponses à faire à cet argument qui ne tient pas.

D'abord, c'est une règle de droit, consacrée même par nos lois civiles, que, dans toute convention où plusieurs parties sont intéressées, l'inexécution par l'une d'entre elles des clauses portées dans cette convention en opère la dissolution vis-à-vis de toutes les parties.

Et puis, cette prétendue ratification a-t-elle existé? Nullement. Sans doute, à un certain moment, l'empereur de Russie a obtenu quatre-vingt-cinq signatures pour s'inscrire au bas d'un acte de confiance. Mais, depuis quand l'écriture de quatre-vingt-cinq citoyens a-t-elle pu prévaloir contre la liberté d'une nation de vingt millions d'âmes?

En dernier lieu, et nous descendons ici dans les entrailles mêmes de notre sujet, quand même l'aliénation de l'indépendance polonaise aurait été votée, scellée et consacrée par les meilleurs moyens dans la forme et au fond, cette aliénation n'en serait pas moins nulle de toute nullité. Eh quoi! les lois civiles du dernier des États de l'Europe auraient consacré l'inaliénabilité des biens du domaine public et des mineurs, et une nation serait aliénable! Un roi ne peut vendre une parcelle du patrimoine de sa couronne, et un peuple tout entier pourrait être vendu valablement! Une génération pourrait forcer les générations qui doivent la suivre à vivre sous un sceptre étranger? Les hommes du présent pourraient disposer de l'avenir!

Il n'en est rien heureusement, car il existe un droit
qui s'élève bien au-dessus de tous les droits anciens,
un droit qui a été qualifié de droit nouveau parce qu'il
a été tiré pour la première fois de la poussière sécu-
laire où il gisait enseveli par l'Empereur, l'illustre
représentant de la Révolution en face de l'Europe;
un droit qui n'est cependant pas nouveau, puisque,
dans l'ordre naturel, il précède tous ceux qui ont été
écrits par la main des hommes, un droit plus divin
que celui de la légitimité, puisqu'il est gravé dans
le code éternel de la raison humaine.

Ce droit est celui-ci : *Toute nation est maîtresse
d'elle-même* ; la souveraineté réside dans l'univer-
salité des citoyens et non dans la volonté d'un homme
ou d'une armée. Le pouvoir ne peut être concédé
à qui que ce soit que par le consentement de la
plus grande partie des membres du corps social, et
il doit être accepté avant d'être obéi.

Les plus grands jurisconsultes du monde, les jurisconsultes romains dissertaient savamment sur
l'esclavage, sur les droits du maître et les adoucis-
sements de l'institution, lorsque, tout à coup, ce
mot magique, *liberté*, apparut, et l'esclavage tomba
dans le néant, et les savantes dissertations d'Ulpien
et de Papinien s'écroulèrent avec lui.

Il en est de même de l'esclavage des peuples; car
peut-on appeler d'un autre nom cet état de choses,
cet ordre politique où une nation était vendue, cédée, échangée, donnée à cause de mariage ou à

cause de décès, et cela au gré du mortel à qui le hasard en avait donné l'investiture?

Mais, si ce droit qui appartient à tout peuple d'obéir au souverain de son choix est évident, alors qu'il s'agit seulement du choix de telle ou telle personne pour exercer la souveraineté, n'est-il pas plus certain et plus incontestable encore, du moment qu'à la question de souveraineté se mêle celle d'indépendance, du moment qu'il s'agit de consacrer la prééminence et la domination d'une race sur une autre, d'un peuple sur un peuple?

Les traités n'ont rien à faire ici, ils sont destinés à régler les rapports des nations entre elles. Les traités de Vienne n'ont de sens, s'ils en ont un, qu'entre les nations autres que la Pologne. Mais, au-dessus du droit des gens, il y a le droit naturel que Justinien plaça au premier rang de son œuvre législative; au-dessus de la loi des hommes, il y a loi de Dieu.

Quel que doive être l'écho de notre parole, nous dirons ici notre sentiment sur les traités de Vienne. Ces actes, en tant qu'ils ont décidé du sort des peuples et *partagé les âmes,* sont une réaction contre les principes inaugurés de la Révolution française, principes dont l'Empereur Napoléon III, développant progressivement l'œuvre de son aïeul, poursuit la lente et prudente propagation.

Que des souverains, excellents d'ailleurs, professent d'autres opinions, qu'ils invoquent d'autres

règles, il les respectera; il sera leur ami, leur allié,
au besoin; mais, sur la question de fond, il ne doit
pas, il ne peut pas transiger, et le jour où, sans
en avoir cherché l'occasion, la question se pose devant lui, le jour où il est appelé à se prononcer
comme juge, sa sentence est commandée à l'a-
vance : il ne peut pas renier la révolution; il ne
peut pas se renier lui-même.

Que parle-t-on maintenant des traités de Vienne?
L'Angleterre, qui en fait le fondement de ses représentations, a-t-elle jamais obéi à un souverain
qui ne fût pas de son choix, et qui ne possédât pas
le cœur même du peuple? A plus forte raison, pour-
rait-elle admettre la légitimité d'une souveraité
étrangère? Pourquoi donc appliquer à autrui la
loi qui vous semble exécrable pour vous? Pourquoi
ne pas admettre au profit des autres nations ces
grandes maximes de la Révolution que vous avez,
les premiers, inaugurés pour votre usage personnel?

Pourquoi tant de dissertations et de discours
dans une question que vous jugeriez d'un seul mot,
si on la retournait contre vous-mêmes?

En est-ce assez, et la justice de la revendication
polonaise n'est-elle pas beaucoup plus haut et plus
solidement établie dans la région où nous l'avons
placée que sur le terrain glissant d'une convention
écrite et d'un traité arbitraire?

VI

Mais, si les traités de Vienne sont dépourvus de toute valeur et de toute autorité en ce qui touche les rapports de la Pologne et de la Russie, faut-il adopter la même solution, au point de vue spécial où nous sommes placés, à l'égard des nations qui ont été représentées au Congrès de Vienne et qui peuvent se dire parties contractantes?

Etablissons avant tout une chose, que le prince Gortschakoff semble contester dans sa réponse aux députés des Puissances, ou, du moins, sur laquelle il se livre à une équivoque qui ne peut subsister.

La Russie s'est engagée solennellement envers l'Europe dans les traités de Vienne, et, en ceci, le contrat a été pleinement valable vis-à-vis de ceux qui s'y sont associés. La Russie s'est engagée à donner une constitution à la Pologne et à respecter sa nationalité. Qu'on ne dise pas, et c'est là-dessus que porte l'équivoque du ministre de la Russie, que l'empereur n'a fait qu'une promesse, une libéralité qui ne l'oblige pas, puisqu'il s'est réservé de donner telle constitution que bon lui semblerait. Il ne s'est pas astreint à donner telle constitution plutôt que telle autre; mais il s'est astreint à en donner une convenable, et à la faire exécuter.

Nous ne nous occupons pas, sous ce rapport,

des engagements analogues pris par l'Autriche et la Prusse, puisque la question polonaise ne s'est pas présentée pour ces deux États, plus fidèles aux traités de 1815.

Ainsi, l'obligation de la Russie existe; elle est formelle, irrécusable. Reste à savoir : 1° si l'Europe peut aujourd'hui se prévaloir de cette obligation vis-à-vis du czar; 2° si elle le doit; 3° si elle ne peut pas baser ses réclamations sur des raisons plus larges et plus solides que celles résultant des actes diplomatiques.

1° L'Europe peut-elle invoquer les traités de 1815?

L'Angleterre, dans les circonstances présentes, a remis en avant ces traités qui sont l'œuvre, aimée par elle, de sa politique et de ses armes. Ce sont eux qui ont placé l'Europe dans la condition la plus favorable aux intérêts anglais, et qui ont fixé la situation respective de toutes les Puissances, au moment précis du plus grand abaissement de la France.

En outre, l'Angleterre tient à faire prévaloir ce principe, que l'Europe seule peut défaire ce qu'elle a fait; principe qui lui garantit l'immobilité des autres nations par la difficulté qu'elles ont, en général, de se mettre d'accord toutes entre elles, difficulté si grande qu'il a fallu les conjonctures et les nécessités de 1815 pour produire un concert de volontés momentané.

Nous n'irons pas jusqu'à dire, avec ceux qui jugent témérairement, « qu'elle a traité légèrement quelques-unes des combinaisons diplomatiques qu'on a imaginées dans ces derniers temps, et qu'elle a à peu près déclaré que beaucoup de choses étaient à refaire, parce qu'on s'était écarté des traités de 1815. » L'Angleterre a trop de bon sens et de sagesse pour cela. Que ses hommes politiques mettent une ostentation nationale, bien digne d'indulgence, à revenir sur les actes que leur patrie a obtenus au prix de tant d'efforts, cela est certain. Mais, qu'ils aient assez d'indulgence et de philosophie pour voir que les circonstances ont changé depuis 1815, que des situations nouvelles sont nées, que des conventions sacrées ont été scellées non pas seulement de la signature de quelques brillants diplomates, mais du consentement même des peuples; c'est ce qui nous semble on ne peut plus admissible.

Ceci étant observé, déciderons-nous que l'Europe imitera l'Angleterre et invoquera les traités de Vienne?

Nous l'avons dit, l'obligation, contractée par la Russie envers la Pologne est irrécusable. Il suit que l'Europe *peut* en demander l'exécution, et le droit que lord Palmerston a soutenu à cet égard ne fait pas de doute.

2° *L'Europe doit-elle invoquer les traités de Vienne?*

Le premier ministre de la reine d'Angleterre,

appelé à résoudre cette question, s'est prononcé pour la négative. L'Europe ne doit rien à la Pologne; l'obligation de la Russie vis-à-vis d'elle n'a pas reçu de sanction nécessaire. « Dans le dernier traité du 15 juin, a-t-il dit, il n'y a qu'une seule clause en vertu de laquelle nous serions contraints d'intervenir dans un cas donné : c'est l'article stipulant que les Puissances garantissent à la Prusse la possession continue de la partie de la Saxe accordée à la Prusse par cet arrangement. Mais il n'y a eu aucune garantie quelconque touchant le royaume de Pologne; il ne s'en trouve dans aucune autre partie du traité, si ce n'est celle qui a trait à l'intégrité et à l'indépendance de la Suisse. »

S'il y a du vrai dans l'opinion de lord Palmerston, la solution qu'il indique nous paraît recevoir une distinction. Sans doute, il n'y a pas de nécessité d'intervenir, il n'y a pas d'engagement matériel ; mais, il y a un engagement moral, une sorte de dette d'honneur ; ou les premières clauses des traités n'ont été qu'un jeu, une plaisanterie, un cruel encouragement à des résistances inégales, où il y a eu une protection promise au malheur, une protection sérieuse, efficace, et devant se traduire, dans des circonstances données, par des faits.

La question est de savoir si cet engagement que nous venons de caractériser existe pour chacun des États individuellement, ou seulement pour la collectivité des contractants; de telle sorte que, dans ce dernier cas, l'un de ceux qui ont stipulé refusant de réclamer le bénéfice de la stipulation même par les armes, les autres ne seraient plus moralement tenus de le faire.

Cette seconde décision nous paraît seule admisible. Et, dans l'hypothèse où, soit un seul, soit plusieurs desdits Etats refuseraient leur concours à ceux qui seraient prêts à soutenir leur réclamations d'une manière effective, tout le déshonneur et toute la responsabilité devraient retomber sur celui ou sur ceux qui auraient décliné leur part dans l'action commune, les autres étant honorablement libérés de leur obligation par l'impossibilité d'agir.

3° L'Europe ne peut-elle fonder ses réclamations sur d'autres droits que ceux qui résultent des traités de 1815?

En vertu des traités de Vienne, on ne peut demander à la Russie qu'une constitution accordée et exécutée sous son bon plaisir et sans contrôle : c'est recommencer une épreuve déjà plusieurs fois faite et jugée par les événements. En vertu des traités de Vienne, on ne peut que rétablir l'union d'élémens que le temps a déclarés indissolubles : c'est-à-dire, qu'au lieu d'aboutir à une solution acceptable, on se renferme volontairement dans un cercle vicieux qu'on ne franchira pas.

Mais, dira-t-on, nous obtiendrons des garanties plus larges, plus sérieuses. Alors, ce n'est plus l'exécution des traités que vous demandez, c'est leur réformation. Singulier système qui consiste à fonder son raisonnement sur une base qu'on reconnaît soi-même comme trop étroite, et à vouloir bâtir sur la pointe d'une aiguille!

Abandonnors donc une bonne fois les traités de Vienne, cette impuissante consécration d'une situation désormais impossible et intolérable. Nous avons établi que la Pologne est dans son droit. Eh bien! agissons en vertu de cette haute faculté qui appartient, non-seulement à toute nation, mais à tout homme d'intervenir dans une cause qu'il croit juste, et de soutenir le faible arbitrairement opprimé. Agissons en vertu des lois éternelles de l'humanité qui autorisent le premier venu à prendre la défense de celui qui souffre au-delà de la mesure ordinaire. Agissons au nom de l'Europe revendiquant sa paix périodiquement et affreusement troublée. Agissons enfin, si vous y tenez, agissons en vertu des traités de Vienne; mais, alors, agissons en commun, agissons en vertu des traités violés et impuissants, pour en réclamer non l'exécution, mais la réformation et le remplacement. Et, croyez le bien, la Russie elle-même estimera la franchise et la netteté de cette politique; et le souverain qui la gouverne et qui a déjà plusieurs fois montré la générosité de son cœur, ouvrira plutôt l'oreille à des conseils pleins de noblesse et de grandeur qu'aux représentations timides d'une diplomatie qui s'embarrasse dans ses propres paroles.

VII

Nous avons vn le droit qui existe pour toutes les nations d'intervenir en faveur de la Pologne, et la responsabilité qui leur incomberait au cas où elles n'interviendraient pas. Voyons à présent dans quelle mesure ce droit et cette responsabilité se répartissent entre les principaux États de l'Europe, en commençant par la France.

L'amitié, et pour ainsi dire, la fraternité qui existe entre la France et la Pologne ne date pas d'un jour. Depuis plusieurs siècles, la Pologne, cette nation brillante et spirituelle, qui remplissait à l'orient de l'Europe ce rôle de civilisateur armé que la France avait tenu si longtemps à l'occident, s'est sentie attirée vers nous par une sympathie profonde et par des affinités touchantes. Dés le règne des derniers Valois, les ambassadeurs polonais, traversant l'Allemagne peuplée de princes, venaient demander à la cour de France étonnée de leurs richesses et de leurs lumières, le dernier représentant, glorieux alors, de cette race près de s'éteindre, pour occuper le trône antique de leurs rois.

Sous Louis XIV, la France étendait déjà sa protection sur la Pologne, et ce prince secourait les Polonais contre l'envahissement du czar Pierre Ier, qui voulait leur imposer Auguste II, au mépris des droits de Stanislas Leczinski.

Sous Louis XV, dans les beaux moments de ce règne mêlé, c'était encore la France qui protégeait la confédération de Bar contre les atrocités moscovites ; et, quand vinrent les jours du partage, ce roi dégénéré envoyait encore, par un reste de pudeur, un faible et insuffisant secours à la nation dont l'abandon fut un de ses plus cuisants remords.

Qu'est-il besoin de rappeler l'Empire, cette époque héroïque où le sang des Polonais fut mêlé avec le nôtre dans les champs de bataille de l'Italie, de l'Egypte, de l'Allemagne, de l'Espagne et de la Russie ? Nous ne mentionnerons qu'un seul fait. En 1812, la Pologne pouvait, se liguant avec le czar contre l'empereur Napoléon Iᵉʳ, payer sa reconstitution au prix d'une trahison facile. Elle refusa et se retourna contre le czar, préférant courir la fortune du grand homme, qui regrettait à Sainte-Hélène d'avoir trop peu fait pour elle.

Et l'héritier de Napoléon, l'exécuteur de ses volontés testamentaires, celui qui a relevé l'Italie de son aïeul, celui-là assisterait insensible aux derniers soupirs de la Pologne expirante ! Le restitureur des nationalités souffrirait, sans autre protestation que des plaintes dénuées d'effet, l'anéantissement de la nationalité polonaise !

VIII

« L'Angleterre a une situation toute spéciale; elle a dans son langage un libéralisme absolu; elle a dans sa conduite une circonspection aussi absolue que son libéralisme. »

Telles sont les paroles par lesquelles un ministre de l'Empereur jugeait la politique suivie jusqu'alors par l'Angleterre relativement à la Pologne.

Ces paroles étaient justes au moment où elles furent prononcées; elles le sont encore: Peut-être, cependant, y a-t-il lieu d'espérer qu'elles le sont un peu moins aujourd'hui qu'à l'époque où l'organe du Gouvernement les a fait entendre avec éclat. Peut-être les mots de lord John Russell à la Chambre des Communes : « Jamais aucun homme d'Etat anglais n'a eu l'idée de prêter une assistance matérielle à la Pologne, » recevraient-ils quelque atténuation; peut-être *le Times* ne répéterait-il plus, à l'heure qu'il est, ce qui a été imprimé, le 18 mars, dans ses colonnes : « La conduite de l'empereur de Russie, nous l'avouons volontiers, est inexcusable. Il a cruellement et perfidement tendu un piége aux nobles Polonais, en les invitant à donner leur avis et en les punissant ensuite. Il a transformé la conscription en un moyen d'enlever les personnes suspectes, et il est en train de faire une guerre dont la férocité a excité l'horreur de l'Europe. Faut-il donc que l'Angleterre tire pour cela le sabre, qu'elle nuise à son commerce, qu'elle inflige des privations à ses pauvres, qu'elle fasse massacrer ses soldats et ses marins, qu'elle obère ses finances? »

Certes, il est difficile de lire une page où l'égoïsme soit plus naïvement et plus crûment exprimé. Mais, depuis ce moment, la question s'est agrandie, l'opinion s'est manifestée avec une persévérance infatigable, les hommes d'État ont réfléchi qu'une politique plus généreuse serait peut-être aussi plus habile, et l'égoïsme, en se voyant à nu, a eu honte de lui-même. On s'est souvenu aussi d'une ancienne rivalité contre la Russie, d'un certain système qu'on a intérêt à faire prédominer en Orient; on s'est rappelé avec confiance et avec orgueil la guerre entreprise de concert avec la France contre la partie méridionale de la Russie, et l'on a entrevu, dans un lointain moins inaccessible, la possibilité de recommencer à l'Occident de la puissance moscovite ce qu'on avait déjà fait au Sud.

IX

Comme héritier de celle qui ne s'est associée au partage de la Pologne qu'en pleurant et par nécessité, l'empereur d'Autriche est aujourd'hui appelé à exercer une grande influence sur les destinées futures de la Pologne. Il peut la servir de deux manières : d'abord, en s'associant aux résolutions des deux Puissances occidentales, et, ensuite, en donnant l'exemple, pour la partie qui est sous son empire, de l'affranchissement de la nation polonaise.

Dejà ce prince a fait de grands pas dans la voix des réformes libérales à l'intérieur de ses Etats; il lui reste à prendre franchement, à l'extérieur, la seule ligne de conduite qui soit en harmonie avec ses intérêts et avec ses tentatives sincèrement réformatrices.

Pendant que la Prusse abandonne la direction du mouvement libéral en Allemagne, et que son gouvernement se renferme dans un système absolu d'isolement et d'immobilité, il serait d'une initiative généreuse et habile, tout à la fois, pour l'Autriche de reprendre en Allemagne et en Europe cette ininfluence que sa rivale laisse échapper de ses mains.

Ce n'est pas sans doute l'alliance de la Russie qui influerait sur les résolutions futures de l'empereur d'Autriche; serait-ce la perte d'un territoire bien moins étendu que la Pologne russe? Mais n'y aurait-il aucune compensation possible, et ne pourrait-on pas retrouver d'un côté ce qu'on perdrait de l'autre?

Ici, nous citerons une opinion qui n'est pas suspecte, celle de l'empereur Alexandre Ier, alors qu'il nourrissait le projet d'opposer à Napoléon la Pologne rétablie : « La réunion de la Galicie (au royaume de Pologne) offre une difficulté par rapport à l'Autriche. Il y a toute nécessité de la ménager et d'éviter de la heurter en rien. Pour cet effet, je suis décidé à lui offrir la Valachie jusqu'au Screth, comme échange de la Gallicie; mais il serait indispensable de reculer la réunion de Gallicie jusqu'au consentement de l'Autriche, pour lui prouver qu'on n'a aucunes vues qui lui soient défavorables. Par conséquent le royaume de Pologne serait formé dans le commencement du duché de Varsovie et des provinces russes. »

Indépendamment des compensations qu'elle serait en droit d'attendre, l'Autriche ne sent-elle pas quel avantage il y aurait pour l'équilibre de cette partie orientale de l'Europe à laquelle elle touche, dans l'établissement sur ses frontières, au lieu d'une province mécontente, d'un royaume de vingt millions d'hommes, voisin reconnaissant et moins à craindre que la puissance colossale et envahissante qui la touche aujourd'hui ?

Il est vrai qu'il est difficile que l'Architecte accepte du premier coup les conséquences possibles de la détermination qu'elle pourrait prendre. Mais le temps et les complications ultérieures peuvent présenter des dénouements qui s'emblaient d'adord impossibles, et celui qui ose entrer dans une voie, est par cela même plus rapproché du but.

Déjà quelques pas ont été faits, et le passage sui-

vant du journal de l'*Europe* présente la plus grande
gravité, à raison de l'autorité des informations :

« Plusieurs conseils ont été tenus (à Vienne).

« A sein de ces conseils, deux opinions se sont
fait jour et ont fait valoir leurs avantages. Sans
prétendre, pas plus aujourd'hui que précédemment,
placer sous les yeux du lecteur une photographie
des discussions graves et profondes qui ont marqué
les conseils de l'empereur François-Joseph, nous
croyons savoir, toutefois, en quoi consistaient les
deux opinions prédominantes.

« Suivant la première de ces deux opinions, il
faudrait :

« Observer une neutralité rigoureuse.

« Développer les institutions constitutionelles de
l'empire, et

« Aborder avec résolution, avec un libéralisme
sincère, une modération éprouvée et un désintéres-
sement patriotique, la solution de la question alle-
mande, solution qui importe autant à la grandeur
de la commune patrie germanique qu'à la paix et à
la liberté de l'Europe.

« Suivant la seconde opinion, le programme qui
précède, très-excellent, est insuffisant dans l'état
actuel des choses, aujourd'hui où il faut prémunir
l'Europe contre divers dangers et parer aux coups
imprévus du sort. Il faudra donc :

« Se déclarer, sinon immédiatement et matériel-
lement, au moins moralement et franchement en

faveur du programme concerté et arrêté entre les deux grandes Puissances occidentales, la France et l'Angleterre.

« La dernière de ces deux opinions aurait prévalu dans les conseils de l'empire. »

XI

Nous pourrions nous étendre également sur le rôle possible de la Prusse; il y aurait beaucoup à dire au sujet de la mission qui semblait réservée à cette Puissance et qu'elle préfère jusqu'ici laisser au premier occupant. Nous aurions une belle matière à traiter, si nous faisions ressortir les risques tout spéciaux auxquels elle est exposée, les avantages qu'elle pourrait recueillir et les pertes qu'elle pourrait subir dans telle ou telle éventualité qui dépend surtout de son choix.

Nous préférons garder une réserve convenable et digne, au sujet d'un gouvernement qui n'est pas toujours resté insensible à cette sorte d'attraction que la politique de Napoléon III exerce en Europe, et qui peut encore ouvrir les yeux utilement sur le bien qu'il peut faire et le mal qu'il peut éviter.

Il y a eu, à une certaine époque, une sorte de parti pris dans la presse anglaise de pousser l'Empereur Napoléon III à une guerre d'ambition spécialement dirigée contre la Prusse, si peu compacte et qui offre tant de prise par ses possessions du Rhin. Nous repoussons encore une fois, s'il en est besoin, ces conseils perfides auxquels, il faut le reconnaître, le gouvernement anglais est demeuré totalement étranger. Nous ne savons pas quelles chances l'avenir tient en suspens, et l'Empereur lui-même, dont la conduite a souvent la soudaineté de l'inspiration et la rapidité de la foudre, ignore ce qu'il ferait dans telle ou telle circonstance déterminée. Mais, venir *à priori* prêter des vues intéressées, et, pour le moment, téméraires, à un souverain dont les actes politiques ont toujours porté le caractère de la franchise et de la prudence, c'est jouer un jeu trop grossier et trop maladroit pour que personne en soit la dupe. Quelles que doivent être nos relations ultérieures avec la Prusse, elle n'aura jamais à craindre une provocation ambitieuse, et la manière dont nous agirons vis-à-vis d'elle dépendra surtout de la conduite qu'elle croira devoir tenir à notre égard.

Quant à l'Italie, il n'est pas opportun, non plus, d'appuyer sur certaines combinaisons possibles qui pourraient lui faire faire un grand pas dans le sens de son unification complète et de sa réconciliation avec l'Autriche. Nous nous contenterons de dire qu'aujourd'hui, comme à Solferino, la politique française et la politique italienne sont unies indissolublement.

Mais il est une Puissance que sa position géogra-

phique et ses sentiments bien connus, encore plus
que son importance, doivent faire prendre en
grande considération dans cette revue des Etats
qui sont à même de participer aux événements ul-
térieurs, selon la tournure qu'ils affecteront pour
la suite. Nous voulons parler de la Suède.

Si M. Billault, dans son discours au Sénat, a
laissé la Suède dans un demi jour, c'est que le
temps n'était pas encore venu de mettre en lumière
les côtés d'une question à peine sortie de la première phase d'observation et de reconnaissance
mutuelles. Toutefois, il a laissé échapper ce mot
plein de profondeur, en faisant allusion aux inimi-
tiés anciennes de la Suède et de la Russie et à leur
situation maritime réciproque : « La Suède est bien
près. » Tenons-nous-en nous-mêmes provisoire-
ment à ce mot plus significatif aujourd'hui qu'il ne
l'était, il y a deux mois, et laissons à l'avenir le
soin d'en faire sortir le sens et d'en tirer l'expli-
cation complète.

Déjà la Russie prend le soin de l'interprêter, et,
d'après des renseignements officiels, toutes les nouvelles qui arrivent du grand duché de Finlande
tendent à prouver qu'il entre dans les intentions du gouvernement russe d'y concentrer un
corps d'armée afin d'être en mesure de faire face à
toutes les éventualités. C'est ainsi qu'on prépare à
Sweaborg et à Helsingsfors des quartiers pour
14 000 hommes du corps des grenadiers de la garde

impériale qui ont reçu l'ordre de se diriger sur ces points. Plusieurs régiments de ligne y sont également attendus. Comme, par suite du manque complet de la dernière récolte, la disette et la misère se font sentir dans le grand-duché, le gouvernement russe est obligé de faire venir de l'intérieur de l'empire d'énormes approvisionnements pour la subsistance des troupes destinées à tenir garnison dans les forteresses de la Finlande.

Il ne faut pas attacher à ces informations plus d'importance que de raison; la guerre est plus vite préparée qu'entreprise. La conclusion que nous tirons de semblables nouvelles est simplement relative au but que nous nous sommes proposé en examinant la position relative de la Russie et de certaines Puissances de l'Europe, en juin 1863.

XIII

Nous avons déterminé le débat; nous avons dépeint, sous leur aspect vrai, les parties qui y figurent. Il nous reste à marquer le point précis où chacun s'est avancé jusqu'ici, à constater les progrès qui ont été faits et l'imminence de la solution, plus voisine qu'on ne le pense.

Pour quiconque veut essayer de prévoir en connaissance de cause le dénouement que la politique impériale pourrait, dans des hypothèses plus ou

moins probables, préparer à l'Europe, il est nécessaire d'apprécier cette politique sous toutes les
faces qu'elle nous présente.

Avant tout, *la politique de l'Empereur n'est pas
une politique d'agitation.* La France a été longtemps,
sous ce rapport, dans une situation fausse. Mais,
pour citer encore M. Billaut. « Grâce à la politique
sage de l'Empereur, elle s'est profondément modi-
fiée. A la suite des grandes expansions libérales et
militaires de la fin du siècle dernier et du commencement du siècle présent, la France était demeurée
complètement suspecte aux souverains et aux peuples.

« Ces temps ne sont plus. La question de la liberté dont, pour notre honneur, nous sommes les
promoteurs dans le monde, a changé profondément
l'état des choses. »

*La politique de l'Empereur n'est pas une poli-
tique de peur.* On a dit : « La Russie s'avance au
cœur de l'Europe par le duché de Varsovie ; elle
pénètre dans la Prusse et pèse sur l'Autriche »

C'était répéter le mot de Pozzo di Borgo : « La
Pologne est une prise sur l'Occident. »

Napoléon III a mis fin depuis longtemps à ces
préoccupations stériles qu'on ne devrait pas réé-
diter. Nous aimons mieux ne pas insister sur les
leçons qui résultent de la guerre de Crimée. Mais,
ce qui est certain, c'est que la politique d'équilibre
européen a fait son temps. Quelles que soient aujourd'hui les proportions des Etats entre eux, il y a,

avant tout, une chose prouvée déjà, et dont l'avenir prépare une plus complète démonstration, c'est qu'une nation forte et unanime ne peut être subjuguée, c'est qu'un souverain qui s'appuie sur le droit issu de la Révolution possède une force irrésistible.

La politique de l'Empereur n'est pas une politique de rancune.

Napoléon III a traversé ces grandes épreuves qui communiquent à l'âme une forte philosophie et une patiente indulgence. De même qu'il a oublié que l'Angleterre fut l'âme de la Sainte-Alliance, de même il ne se souvient plus que de la complicité des copartageants qui a été le premier nœud du traité de Tilsitt.

Enfin, *la politique de l'Empereur n'est pas une politique d'isolement.* « C'est ainsi, disait M. Billault, que vous l'avez vu en Crimée avec l'Angleterre et l'Italie pour alliées et avec l'Autriche bienveillante. C'est ainsi que la guerre de Chine a été faite avec l'Angleterre, la guerre de Cochinchine avec l'Espagne; qu'en Syrie nous avons accepté avec cette générosité qui n'appartient qu'à la France de remplir une mission de civilisation au nom de l'Europe tout entière. »

Voici maintenant ce que cette politique a fait pour la Pologne. Dès le premier jour, Napoléon III a posé la question de la façon la plus large et la plus favorable a l'idée de l'indépendance absolue de la Pologne, en principe.

On lisait à cet égard, dans la dépêche au duc de Montebello :

« Ce qui caractérise les agitations de la Pologne, ce qui en fait la gravité exceptionnelle, c'est qu'elles ne sont pas le résultat d'une crise passagère. Des effets qui se reproduisent presque invariablement à chaque génération ne sauraient être attribués à des causes purement accidentelles. Ces convulsions, devenues périodiques, sont le symptôme d'un mal invétéré ; elles attestent l'impuissance des combinaisons imaginées jusqu'ici pour réconcilier la Pologne avec la situation qui lui a été faite. »

Et plus loin :

« Le cabinet de Saint-Pétersbourg comprendra sans doute lui-même les dangers des convulsions périodiques qui agitent la Pologne, et il reconnaîtra l'opportunité d'aviser au moyen d'y mettre un terme, en replaçant les provinces polonaises soumises à la Russie dans les conditions d'une paix durable. »

L'Autriche, également, s'associa, dans des termes plus adoucis, aux conclusions de la dépêche française.

Ainsi, dès l'origine, on ne demanda rien moins qu'un changement radical. Des traités de Vienne, il n'en fut pas même question. L'Angleterre seule en parla et prêta ainsi le flanc aux objections du prince Gortschakoff, un des plus habiles diplomates des temps modernes.

Aujourd'hui, ce terrain est abandonné; à l'aide de concessions mutuelles, l'accord s'est établi entre les trois Puissances sur les points suivants, qui forment l'objet des dépêches expédiées séparément, le 6 juin, à Saint-Pétersbourg :

« 1° L'empereur de Russie promulguerait une amnistie complète et générale.

« 2° La Pologne obtiendrait une représentation nationale dont les attributions, qui seraient à définir d'accord avec le cabinet de Saint-Pétersbourg, n'excéderaient pas celles d'une diète provinciale à l'instar de la Diète de Gallicie.

« 3° Les Polonais seraient admis dans une large mesure aux fonctions publiques, et une autonomie administrative du pays serait en même temps assurée.

« 4° La liberté de conscience serait pleine et entière. On ferait disparaître les restrictions légales qui existent sous ce rapport, et auxquelles sont soumis principalement le culte et le clergé catholiques.

« 5° La langue polonaise serait reconnue comme langue officielle dans le royaume, et employée à ce titre dans l'administration, dans la justice et dans l'enseignement.

« 6° La Russie accorderait à la Pologne un système de recrutement régulier et légal. »

Ces conditions contiennent-elles toute la pensée de l'Empereur Napoléon III? ont-elles toute la por-

tée du texte général de la première dépêche? Nous
ne le pensons pas.

Mais, de deux choses l'une, ou la Russie reje-
tera ces ouvertures, et alors la teneur en a moins
d'importance ; ou, nous nous efforçons de l'espérer,
elle les admettra, et alors la discussion de chacun
des articles qu'elles comprennent pourra s'élargir
au point d'aboutir à un résultat égal à celui qui
était primitivement demandé, et qui est encore, dans
une certaine mesure, contenu dans la modération
de la dépêche du 6 juin.

XIV

Que la réponse du czar soit favorable, c'est ce
que tout bon citoyen doit désirer. Les chances d'un
acquiescement ne sont pas toutes perdues. Alexandre
est encore, pour ses sujets, le prince libéral que
nous avons connu ; il est, lui aussi, un homme d'i-
nitiative et d'inspiration qui peut étonner, une seconde fois, l'Europe par la soudaineté d'un coura-
geux parti pris ; il a assez de cœur pour comprendre
qu'un abîme vient de se creuser entre la Pologne
et la Russie et que l'excès de la haine ne peut être
vaincu que par un excès de générisoté ; il est assez
éclairé pour savoir que la Révolution s'avance vers
son empire, et que, pour la contenir, il ne faut pas
la comprimer. Puissent les avertissements qui s'élè-

vent pour lui du sein des grandes villes agitées de la Russie méridionale ne pas être donnés en vain, et puisse-t-il, resserrant sa puissance et la concentrant sur elle-même, renoncer au triste héritage que lui a légué le crime de son aïeule.

Mais Alexandre II est aussi le monarque dont la susceptibilité ombrageuse prévenait par la publication d'une amnistie dérisoire l'arrivée de nos représentations amicales, de même qu'en 1856, il refusait de céder à une pression étrangère et se retranchait derrière sa dignité. Il est celui qui disait, le 23 mai 1856 : « Le bonheur de la Pologne dépend de son entière fusion avec les peuples de mon empire. Ce que mon père a fait est donc bien fait; je le maintiendrai. » Il est celui qui a ordonné le recrutement de 1863, et qui a félicité de leur bonne conduite ses barbares soldats.

Et si, contre nos vœux les plus sincères, nous devions essuyer un refus, alors, ou il nous faudra admettre que tant de démarches et tant de représentations de notre part n'auront servi qu'à compromettre notre dignité, et encourager les Polonais dans leur magnifique suicide, ou il nous faudra passer des paroles aux faits, et, l'œuvre de la diplomatie s'écroulant, la guerre apparaîtra dans son inexorable nécessité.

Paris. — Typ. Gaittet, rue Git-le-Cœur, 7.

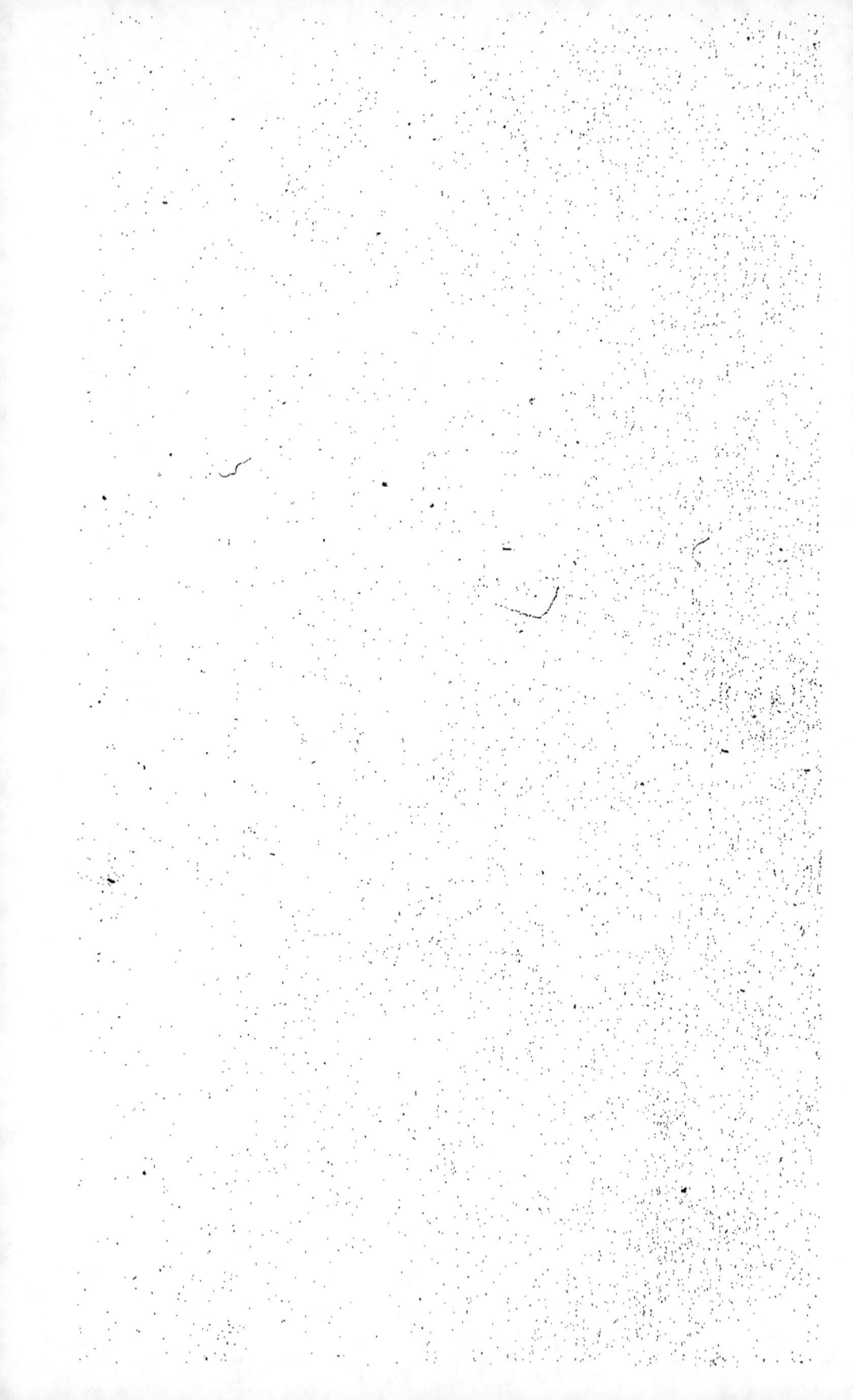

www.ingramcontent.com/pod-product-compliance
Lightning Source LLC
LaVergne TN
LVHW022040080426
835513LV00009B/1165